Contenido

¿Qué significa ser justo? 4

Comparte tus sentimientos 6

Piensa en soluciones 14

¡Problema resuelto! 26

Glosario 28

Índice 29

¡Échale un vistazo! 30

¡Inténtalo! 31

Acerca de la autora 32

¿Qué significa ser justo?

¿Cuál es tu juego preferido durante el recreo? El de Jeremías es el baloncesto. Cuando suena el timbre, él sale corriendo a buscar un balón antes de que no quede ninguno. Pero hoy, Jeremías y Noé toman el último balón al mismo tiempo.

—¡Yo llegué primero! —dice Jeremías.

—¡No, yo llegué primero! —contesta Noé. Le **arrebata** el balón y corre en dirección a la cancha—. ¡Eres demasiado lento!

—¡No es justo! —grita Jeremías.

Reaccionar de la manera correcta

¿Alguna vez creíste que te estaban tratando de forma injusta? A veces, estos sentimientos surgen cuando no estamos de acuerdo o cuando las cosas no son como deseamos. Pero la forma en que reaccionamos ante los conflictos puede marcar la diferencia a la hora de resolver los problemas. Sobre todo, lo más importante es que sea una disputa justa.

Definición de "justo"

Ser justo puede significar muchas cosas. Puede significar respetar las reglas o tratar a los demás como queremos que nos traten a nosotros. Puede significar compartir o dar a todos las mismas oportunidades. Una disputa es justa cuando el problema se resuelve con amabilidad y respeto.

Comparte tus sentimientos

Cuando no estamos de acuerdo con los demás, seguramente después tengamos sentimientos negativos. Es normal sentirse herido o enfadado. También es importante comprender el porqué. ¿Qué sientes que es injusto? Piensa qué es lo que te molesta. Luego comparte tus sentimientos.

Reglas básicas para una disputa justa

Sigue estas reglas para que las discusiones sean justas. Primero, debes mantener la calma. ¿Te sientes nervioso? Respira profundo, cierra los ojos y cuenta en forma regresiva del 10 al 1. Si calmas la mente, evitarás decir cosas de las que puedas **arrepentirte** o no puedas retractarte.

Deja salir tu enojo

No es bueno reprimir el enojo. ¡Podrías estallar! Cuando estás molesto, puedes tener ganas de gritar, de pegar o de romper algo. En cambio, haz unos saltos de tijera o corre para liberar algo de energía negativa. ¡O baila para quitarte el enojo!

Toma un bolígrafo

A veces, escribir lo que sientes puede ayudarte a liberar el enojo. ¿Por qué te molestaste? Haz una lista de todo lo que te molestó y no te detengas hasta que te sientas tranquilo. También puedes dibujar tus sentimientos.

¿Estás listo para tener una conversación en calma? ¡Eso es genial! Este es otro consejo para tener en cuenta. Al explicar por qué te sientes molesto, intenta usar palabras como "Me siento ____ cuando tú ____ porque ____". Y recuerda que ser honesto siempre es lo mejor. Por lo tanto, sé tan sincero como puedas con la otra persona.

Al mismo tiempo, no actúes de manera hiriente. No se debe menospreciar ni insultar a nadie. No grites ni pegues. No debes usar excusas ni **culpar** a los demás. Esto solo empeorará el problema. Actuar de manera agresiva o cruel no servirá de nada.

¿Qué sucederá si Jeremías y Noé siguen las reglas para que la disputa sea justa? Averigüemos.

¡Tú, tú y tú!

"¡Tú me haces enojar!". "¡Tú estás equivocado!". "¡Tú eres un mal amigo!". Usar la palabra tú de esta manera puede herir sentimientos. Es tentador culpar a los demás durante una discusión. Pero señalar con el dedo causará más daño que bienestar.

"Siento que"

Las palabras "siento que" te ayudarán a expresar tus sentimientos. Con estas palabras no se culpa ni acusa a nadie. Sirven para transmitir tu mensaje de manera más cortés y amable.

Jeremías le cuenta a su maestra, la señorita Lee, lo sucedido. Caminan hacia la cancha y la maestra llama a Noé. Los niños se sientan en el césped.

—Jeremías, por favor, cuéntale a Noé por qué estás molesto —dice la señorita Lee.

Jeremías respira profundamente:

—Noé, me enojé cuando tomaste el balón porque quería jugar. Además, me sentí mal cuando dijiste que yo era demasiado lento.

Jeremías ha **expresado** sus sentimientos. Entonces Noé cuenta que también está molesto porque nunca puede jugar al baloncesto durante el recreo. ¿Qué deben hacer a partir de ahora?

El poder de las palabras

Langston Hughes fue un poeta y escritor famoso. En su época, los negros no tenían los mismos derechos que los blancos. Usó palabras para compartir su esperanza de que un día todas las personas fueran iguales.

Escribir las penas

Langston Hughes solía escribir poemas con el estilo de la música *blues*. Las canciones *blues* describen problemas o tristezas, pero muchas veces lo hacen en forma divertida. ¿Qué te pone triste? ¿Tener demasiada tarea? ¿Discutir con tu mejor amigo?

Las mismas reglas básicas en casa

¿Tienes hermanos? Si los tienes, es probable que hayas peleado con ellos. Tal vez todos quieren la última galleta. O quizá todos desean usar la computadora al mismo tiempo. No siempre se van a llevar bien. Usa las habilidades que acabas de aprender para resolver también problemas con tu familia.

La **competencia** entre hermanos o hermanas se llama "rivalidad entre hermanos". No siempre es algo malo. A veces te ayuda a esforzarte más.

Por ejemplo, quizá tu hermano corre más rápido que tú. Esto podría hacerte practicar más para mejorar. Sin embargo, demasiada competencia puede causar problemas. Al sentirte tan molesto podrías decir algo hiriente.

El tamaño de las familias

El tamaño de las familias varía en todo el mundo. En Estados Unidos, una familia **promedio** tiene dos hijos. En algunas partes de Asia, solo tienen un hijo en promedio. No es así en Nigeria. Allí, las familias tienen aproximadamente seis hijos en promedio.

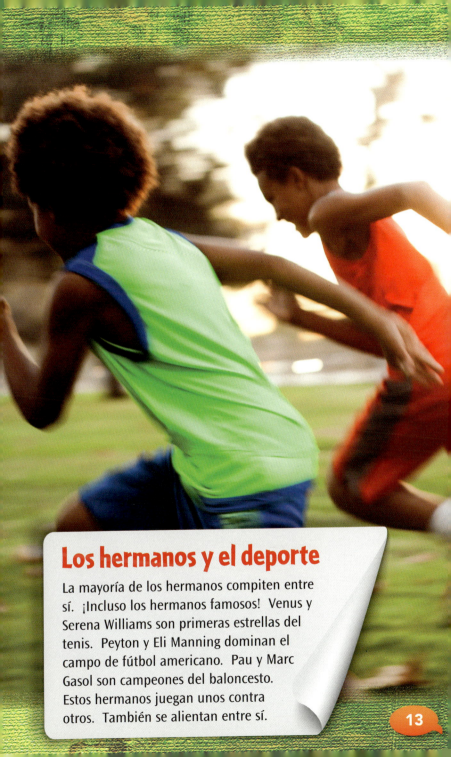

Los hermanos y el deporte

La mayoría de los hermanos compiten entre sí. ¡Incluso los hermanos famosos! Venus y Serena Williams son primeras estrellas del tenis. Peyton y Eli Manning dominan el campo de fútbol americano. Pau y Marc Gasol son campeones del baloncesto. Estos hermanos juegan unos contra otros. También se alientan entre sí.

Piensa en soluciones

En toda disputa hay dos partes. Una disputa justa significa escuchar a la otra persona. Es importante mostrar **empatía**. Ayuda a que veas el problema de una manera distinta.

Practica la empatía

De esta manera puedes practicar la empatía. Primero escucha atentamente a la otra persona. Después piensa cómo te sentirías si te pasara lo mismo. Pregúntale cómo se siente. Por último, muestra que te preocupas por esa persona: pregunta de qué manera podrías ayudar u ofrece un abrazo.

Ponte en sus zapatos

¿Sabes qué significa la expresión "ponerse en los zapatos del otro"? Aquí hay un ejemplo. Tu amiga está triste porque su gato se perdió. ¿Cómo te sentirías si te sucediera a ti? Si tu respuesta es "triste", comprendes sus sentimientos. Eso es la empatía.

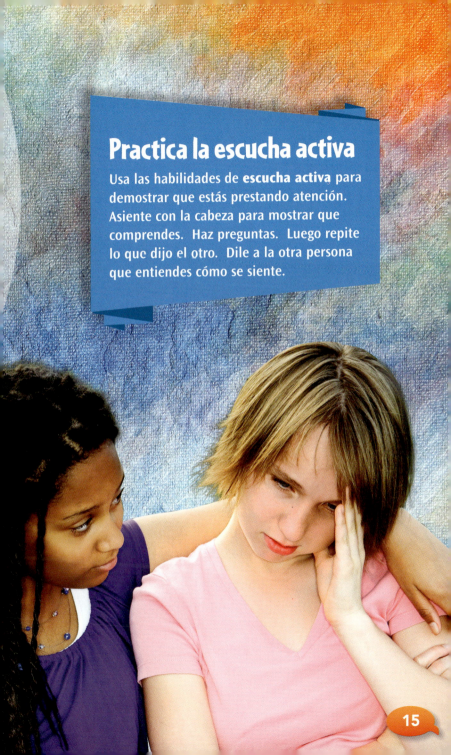

Practica la escucha activa

Usa las habilidades de **escucha activa** para demostrar que estás prestando atención. Asiente con la cabeza para mostrar que comprendes. Haz preguntas. Luego repite lo que dijo el otro. Dile a la otra persona que entiendes cómo se siente.

Pide perdón

Pedir perdón puede ser difícil. La mejor manera es decirlo directamente. En el mundo, las personas se disculpan de distinta forma. Dar un regalo es una manera de pedir perdón. En Estados Unidos, un regalo común que sirve para decir "lo siento" son las flores. En Corea, a las personas les gusta regalar manzanas. ¿Por qué? En coreano, la palabra que se usa para nombrar la manzana es la misma que se usa para decir perdón.

Pedir perdón es solo el primer paso. Después de que todos tengan la oportunidad de hablar, piensa en lo que se dijo. ¿Cuál fue tu papel en la disputa? ¿Qué cambiarías? Aprende de tus errores. Luego, trabajen juntos para encontrar una solución.

Lecciones para todos

"*On the Pulse of the Morning*" es un poema de Maya Angelou. Lo escribió para la **investidura** del presidente Bill Clinton en 1993. El poema nos pide que aprendamos del pasado. De esa manera, no cometeremos los mismos errores en el futuro.

Soluciona el problema

Llegó la hora de solucionar el problema. No siempre es fácil encontrar una respuesta que les guste a todos. Asegúrate de escuchar las ideas de todos. Puede resultar útil repasar las **ventajas** y las **desventajas** de una idea.

No siempre estarás de acuerdo. Pero trata de ser un buen perdedor. Puedes hacerlo de varias maneras. Sé cortés. Trata a los demás con respeto. Acepta tu parte en un desacuerdo. E intenta ser amable una vez que termine la discusión.

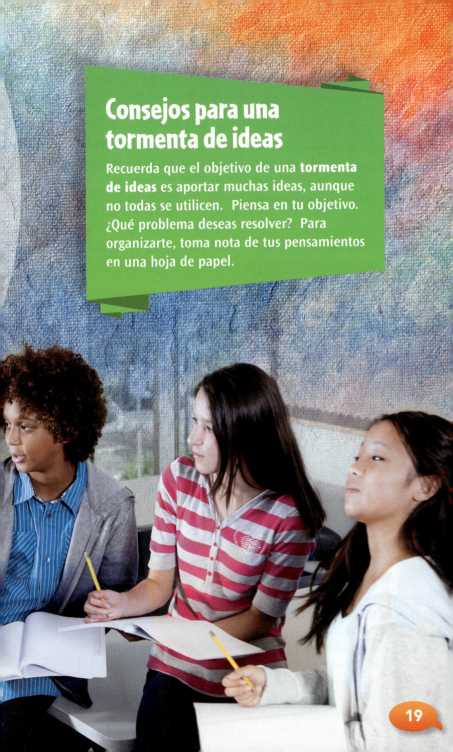

Consejos para una tormenta de ideas

Recuerda que el objetivo de una **tormenta de ideas** es aportar muchas ideas, aunque no todas se utilicen. Piensa en tu objetivo. ¿Qué problema deseas resolver? Para organizarte, toma nota de tus pensamientos en una hoja de papel.

Adopta una postura

Muchas personas han luchado para que el mundo sea un lugar mejor. A veces, una comunidad siente que algo es injusto. Sus miembros toman medidas para que las cosas cambien. Trabajan juntos. De esta manera, se escucharán sus voces.

Hay muchas maneras en que los grupos pueden demostrar sus sentimientos en forma pacífica. Pueden organizar una **protesta** para respaldar su causa. Es posible que organicen un boicot. Es cuando las personas se niegan a comprar, usar o formar parte de algo como protesta. O podrían presentar una petición. Se trata de una solicitud de cambio por escrito. La firman los defensores de la causa. Luego se la entregan a alguien que está en el poder.

La paz llega de la India

Mohandas Gandhi luchó contra el tratamiento injusto que recibía su pueblo. Usó **métodos** pacíficos. Una vez lideró una marcha de 241 millas (388 kilómetros) para protestar contra una ley injusta.

Poner a prueba

Llegar a un acuerdo es cuando cada persona renuncia a algo para lograr consenso. No siempre vas a obtener lo que quieres. Pero si trabajan juntos, todos pueden estar contentos. Por lo tanto, primero realicen una tormenta de ideas. Luego elijan una solución que les guste a ambos y pónganla a prueba.

En el caso de Jeremías y Noé, cada uno renunció a tener el balón solo para él durante el recreo. Decidieron llegar a un acuerdo y turnarse. Pero en seguida hubo otro problema. Los dos querían ser el primero en jugar. ¡Ay no! ¿Cómo van a resolver esto?

Hagamos un trato

"Hoy por ti; mañana por mí". ¿Has escuchado que alguien diga esto? Todo es cuestión de llegar a un acuerdo para lograr un objetivo común. Nos recuerda que si cada parte cede un poco, entonces todos obtenemos algo de lo que queremos.

¿Lo sabías?

Incluso las personas que ayudan a fundar naciones deben ponerse de acuerdo. Los Padres Fundadores crearon la Constitución de EE. UU. en 1787. Pero debieron idear un plan que dejara contentos a todos los estados. El documento final es un conjunto de normas para el gobierno.

Llegar a un acuerdo es solo una parte de la resolución de un problema. A veces, cuando se pone una idea en práctica, no funciona. Cuando suceda, no te des por vencido. Vuelve al comienzo y elige otra idea. O piensa en ideas nuevas y ponlas a prueba. Sigue intentando hasta que encuentres una solución que funcione.

Puede ser desalentador si pruebas una idea y no funciona. No siempre tendrás éxito en el primer intento. Pero ¡**persevera**!

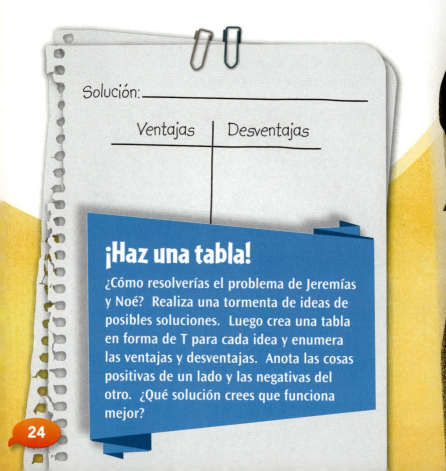

¡Haz una tabla!

¿Cómo resolverías el problema de Jeremías y Noé? Realiza una tormenta de ideas de posibles soluciones. Luego crea una tabla en forma de T para cada idea y enumera las ventajas y desventajas. Anota las cosas positivas de un lado y las negativas del otro. ¿Qué solución crees que funciona mejor?

Nunca te des por vencido

Malala Yousafzai inspira a muchos niños. Se crió en Pakistán. Defendió el derecho a la educación de las niñas. Sufrió ataques por sus creencias. Pero sobrevivió. Continúa luchando por una educación para todos.

¡Problema resuelto!

Jeremías y Noé enumeran las formas de resolver su problema, pero no parecen ponerse de acuerdo. De repente, algo brillante llama la atención de Jeremías. Es una moneda de veinticinco centavos. Jeremías sugiere tirar la moneda para ver quién lanzará primero el balón. Noé está de acuerdo y pide a la señorita Lee que sea el réferi. Ella arroja la moneda. Noé canta sello. ¡Y sale cara! Los niños aceptan el resultado y caminan juntos hasta la cancha de baloncesto.

Llevó tiempo, pero Jeremías y Noé resolvieron sus problemas con una disputa justa. Usaron palabras para expresar sus sentimientos y se escucharon. Pensaron en ideas y se pusieron de acuerdo. ¿Y la mejor parte? Los dos van a jugar al baloncesto.

¿Lo sabías?

En el baloncesto, un lance del balón determina quién lo tendrá primero. Un jugador de cada equipo se acerca al centro de la cancha. El réferi lanza el balón al aire. Los jugadores intentan desviar el balón hacia su lado.

Cara o sello

En el fútbol americano, se tiran monedas para decidir quién da el puntapié inicial. El capitán de un equipo dirá cara o sello. Si acierta, elige qué equipo da el puntapié inicial.

Glosario

arrebata: quita con fuerza

arrepentirte: lamentarte

competencia: esfuerzo por conseguir algo, como un premio, por el que alguien más también se esfuerza

culpar: acusar a alguien

desventajas: algo que no es útil; contras

empatía: comprensión de los sentimientos de los demás

escucha activa: prestar atención a lo que alguien dice

expresado: hecho saber mediante palabras

investidura: ceremonia para asignar funciones a alguien

métodos: modos de hacer algo

persevera: hace algo aunque sea difícil

promedio: lo habitual en un grupo; la normalidad

protesta: acontecimiento en el que las personas se reúnen para demostrar que no aprueban algo

tormenta de ideas: dedicar tiempo a pensar en ideas o en soluciones

ventajas: algo útil; pros

Índice

acuerdo, llegar a un, 22, 24

Angelou, Maya, 16

Clinton, Bill, 16

conflicto, 4

Constitución, 23

empatía, 14

escucha activa, 15

Gandhi, Mohandas, 20

Gasol, Marc, 13

Gasol, Pau, 13

Hughes, Langston, 10–11

India, 20

Manning, Eli, 13

Manning, Peyton, 13

"On the Pulse of the Morning", 16

pedir perdón, 16

rivalidad entre hermanos, 12

"Siento que", 9

tamaño de las familias, 12

tormenta de ideas, 19, 22, 24

Williams, Serena, 13

Williams, Venus, 13

Yousafzai, Malala, 25

¡Échale un vistazo!

Libros

Lite, Lori. 2012. *El Pulpo Enojado*. Stress Free Kids.

Schmidt, Fran, and Alice Friedman. 1989. *Fighting Fair for Families*. Peace Education Foundation.

Sornson, Bob. 2013. *Stand in My Shoes: Kids Learning About Empathy*. Love and Logic Press.

Videos

Clinton Presidential Library. *Maya Angelou's Poem "On the Pulse of Morning".* White House Television Crew. www.youtube.com /watch?v=59xGmHzxtZ4.

Páginas web

Etapa Infantil. *Como ayudar a tus hijos a expresar sus emociones.* www.etapainfantil.com/ ayudar-hijo-expresar-emociones.

Kids Helpline. *Handling Family Fights*. www.kidshelpline.com.au.

De orugas y mariposas. *10 actividades y juegos para trabajar las emociones con los niños.* www.deorugasymariposas.com/2015/02/juegos-para-trabajar-emociones-con-ninos.html.

¡Inténtalo!

Acabas de aprender las reglas de una disputa justa. Usa tus nuevas habilidades para ayudar a resolver estos problemas ficticios. Realiza una tormenta de ideas y escribe tres soluciones diferentes para cada problema en una hoja de papel. Explica qué harías o dirías.

- Tu clase está afuera durante el recreo. Lucas y Jorge están corriendo una carrera. Ambos niños atraviesan la línea de llegada. ¡Es un final reñido! Comienzan a discutir acerca de quién ganó. ¿De qué manera ayudarías a Lucas y a Jorge a resolver esta disputa?

- El proyecto de arte de la fecha es pintar tu lugar preferido. Zulema y Katia se sientan en la misma mesa. Las dos quieren usar la pintura azul. Zulema se queja porque Katia está gastando toda la pintura azul. ¿De qué manera ayudarías a Zulema y a Katia a llegar a un acuerdo?

Acerca de la autora

Vickie An nació y se crió en Houston, Texas, y se recibió de periodista en la Universidad de Texas en Austin. Ha trabajado y vivido en muchos países del mundo, entre ellos Papúa Nueva Guinea y Corea del Sur. Antes de mudarse al exterior, vivió en la ciudad de Nueva York y trabajó como escritora y editora de *TIME FOR KIDS*. Junto con su marido, Chris, disfruta viajar, experimentar distintas culturas y probar nuevas comidas.